LE DESSIN
PAS à PAS

Niels Roman

Apprendre à dessiner **LES PERSONNAGES** en 50 modèles

Éditions
EYROLLES

Toutes les illustrations présentées dans cet ouvrage sont de l'auteur.

Conception graphique et mise en pages : Johanna Fritz

Depuis 1925, les éditions Eyrolles s'engagent en proposant des livres pour comprendre le monde, transmettre les savoirs et cultiver ses passions !
Pour continuer à accompagner toutes les générations à venir, nous travaillons de manière responsable, dans le respect de l'environnement. Nos imprimeurs sont ainsi choisis avec la plus grande attention, afin que nos ouvrages soient imprimés sur du papier issu de forêts gérées durablement. Nous veillons également à limiter le transport en privilégiant des imprimeurs locaux. Ainsi, 89 % de nos impressions se font en Europe, dont plus de la moitié en France.

Éditions Eyrolles
61, bd Saint-Germain
75240 Paris Cedex 05
www.editions-eyrolles.com

ISBN : 978-2-416-01589-2

SOMMAIRE

INTRODUCTION

Ce livre a été conçu pour vous guider pas à pas dans l'apprentissage du dessin de personnages dans différentes poses et activités du quotidien.

Le dessin de personnages est un élément essentiel de l'art visuel, qu'il s'agisse d'illustrations, de bandes dessinées, d'animations ou de *concept art* pour les jeux vidéo. Les personnages sont indispensables pour raconter des histoires, faire passer des émotions ou donner vie à des idées. La capacité à les représenter de manière convaincante est souvent ce qui distingue un bon artiste d'un grand artiste. Cependant, le dessin de personnages est aussi l'une des compétences les plus difficiles à maîtriser.

Ce livre s'adresse aux débutants et aux dessinateurs intermédiaires ; le degré de difficulté indiqué pour chaque dessin vous permettra de choisir les plus adaptés à votre niveau.

Pourquoi dessiner des personnages ?

Apprendre à dessiner les personnages en 50 modèles offre une approche structurée et progressive. Chaque exercice est soigneusement conçu pour vous guider pas à pas, de la construction du squelette schématisé à la finalisation des détails du corps, du visage et des vêtements.

Le dessin de personnages est un excellent moyen d'améliorer vos compétences artistiques globales. Il nécessite une compréhension approfondie du corps humain, de l'anatomie, des proportions et de la perspective. En apprenant à le maîtriser, vous développerez ainsi votre intuition pour mieux appréhender ces notions fondamentales et vous améliorerez votre capacité à dessiner tout ce que vous voyez.

Le dessin de personnages est aussi une activité incroyablement gratifiante. Il n'y a rien de tel que de voir un personnage prendre vie sous ses doigts. Et avec la pratique, vous serez étonné de voir à quel point vos compétences s'améliorent.

Les proportions de personnages réalistes

Comprendre les proportions du corps humain est une étape fondamentale pour parvenir à dessiner des personnages réalistes. Dans ce livre, vous trouverez des dessins d'hommes, de femmes, d'adultes, d'enfants et de bébés pour vous permettre d'appréhender les différences de proportions entre les individus selon le sexe et l'âge. Vous aurez ainsi tous les outils nécessaires pour créer des personnages crédibles et expressifs.

Différences selon le sexe

Les hommes sont généralement plus grands que les femmes : en moyenne, la différence de taille est d'environ 13 cm. Souvent, ils ont également une musculature plus développée, particulièrement au niveau des épaules, de la poitrine et des bras.

Les femmes, quant à elles, ont souvent des formes plus arrondies que les hommes, notamment au niveau des hanches et du bassin.

Différences selon l'âge

Proportionnellement au corps, la tête d'un enfant est plus grosse que celle d'un adulte, et ses jambes et son torse sont plus courts. Ses traits du visage sont également moins définis.

Les parties du corps d'un bébé sont encore plus disproportionnées que celles d'un enfant, avec une tête encore plus grosse et des membres encore plus courts.

Rapports de proportions

La tête est un repère de mesure pour l'ensemble du corps : un corps adulte comprend ainsi huit fois la hauteur de la tête. Pour un corps d'enfant, on compte cinq à six fois la hauteur de la tête et, pour un corps de bambin, quatre fois.

Le bas des côtes et les coudes sont alignés horizontalement. Chez l'homme, la largeur des côtes est identique à celle du bassin, mais chez la femme, le bassin est légèrement plus large que les côtes.

Les distances épaule-coude et coude-poignet sont identiques, de même que les distances bassin-genou et genou-cheville.

Le milieu du corps est situé au niveau des parties génitales, juste sous le bassin.

Si les bras sont collés au corps, les poignets sont alignés horizontalement avec le milieu du corps.

Le centre de gravité est situé au niveau du nombril et non pas au milieu du corps, car le torse est plus lourd que les jambes.

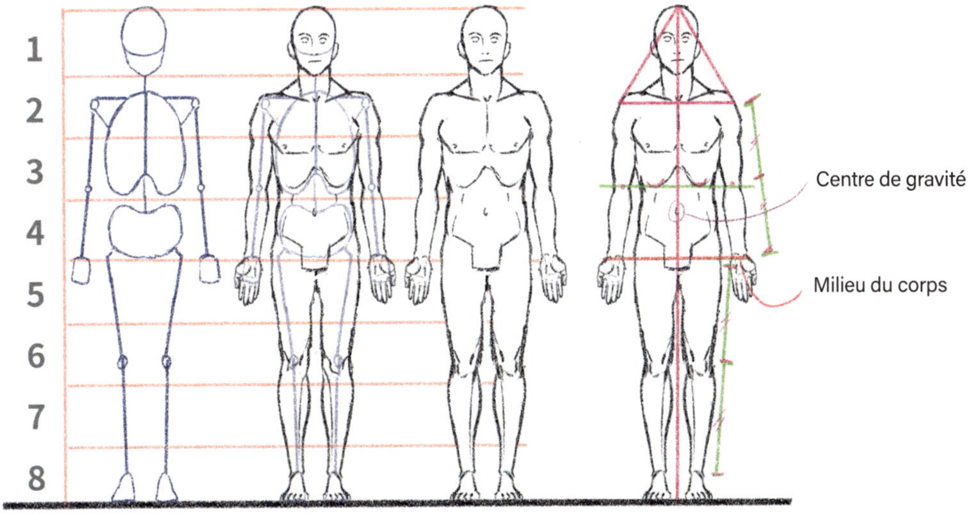

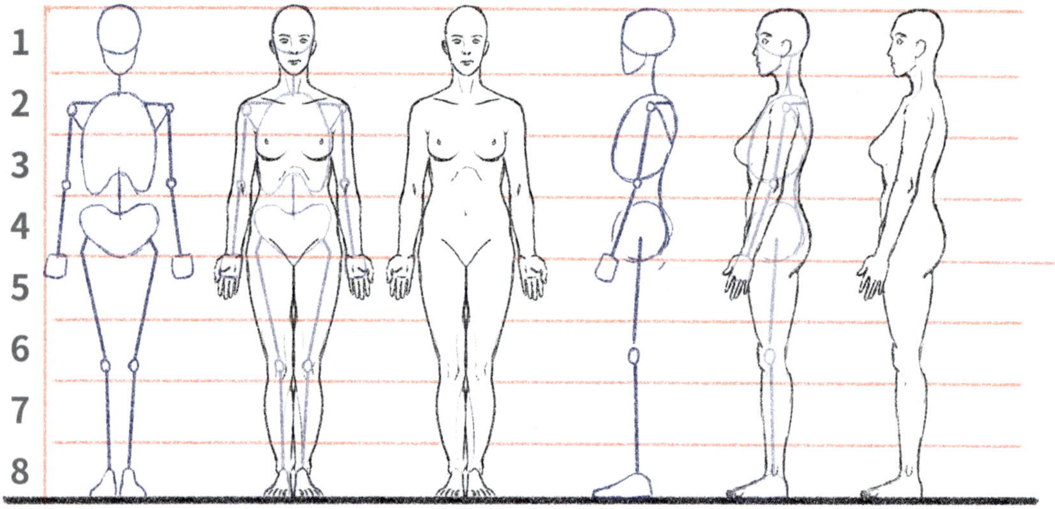
1
2
3
4
5
6
7
8

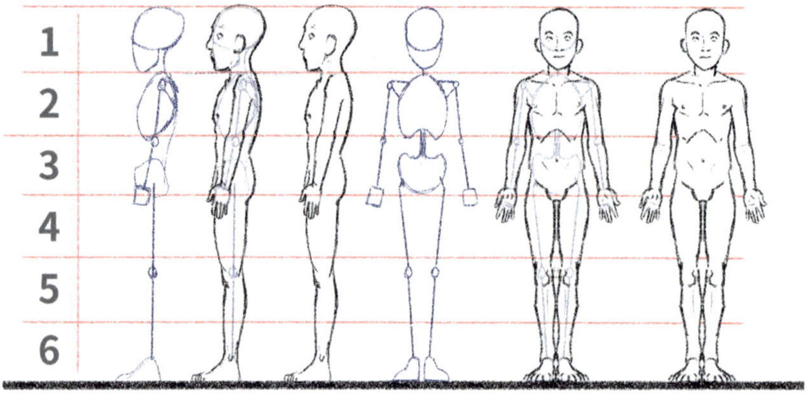
1
2
3
4
5
6

Maîtriser les proportions

En maîtrisant les proportions, vous donnerez vie à vos personnages et leur conférerez une allure réaliste et crédible. N'hésitez pas à expérimenter et à les adapter selon votre style personnel et l'effet que vous souhaitez obtenir.

- Utilisez des repères : divisez le corps en sections (par exemple tête, torse, jambes) pour vous aider à respecter les proportions.
- Observez attentivement : prenez le temps de regarder les proportions des personnes qui vous entourent, en analysant les différences entre les hommes et les femmes, les enfants et les adultes.
- Entraînez-vous : pratiquez le dessin de personnages en utilisant des modèles et des références photographiques pour vous familiariser avec les proportions.

La méthode de ce livre

Ce livre est structuré de manière à faciliter votre apprentissage. Chaque exercice suit une progression logique et méthodique, vous guidant à chaque étape du processus. Suivez patiemment ces étapes et vous serez ensuite en mesure de créer vos propres personnages uniques et expressifs.

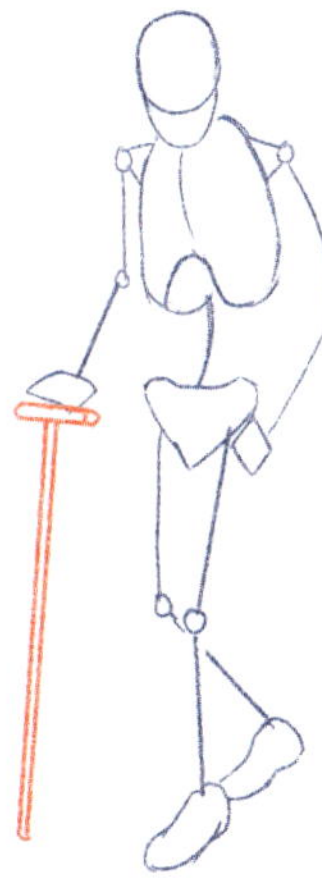

Étape 1 : le squelette simplifié du personnage. Il vous aidera à comprendre la structure de base du personnage et à visualiser sa pose. En dessinant le squelette, vous apprenez à capturer l'essence du mouvement et de l'action de votre sujet.

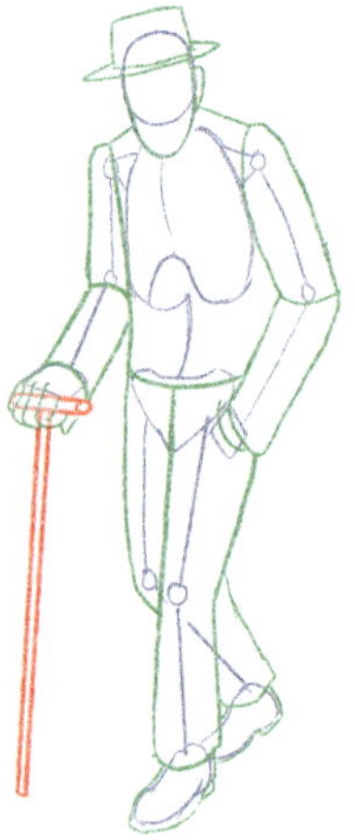

Étape 2 : la silhouette en formes géométriques, à partir du squelette schématisé. Ici, vous commencez à donner forme au personnage et à poser les volumes du corps et des vêtements sur le squelette. Cela vous aidera à comprendre les proportions du personnage.

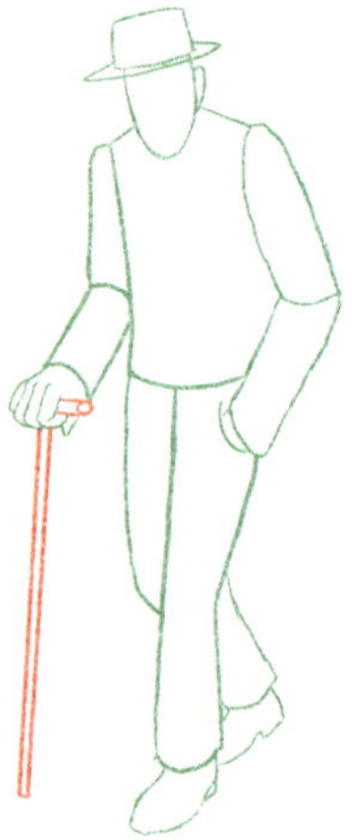

Étape 3 : la silhouette géométrique sans squelette. À ce stade, vous effacez le squelette pour ne garder que les formes géométriques du corps et ainsi entamer l'étape suivante sereinement.

Étape 4 : la finalisation du visage, du corps et des vêtements. Ici, vous ajoutez les détails finaux : les traits du visage, les cheveux, les détails du corps et des vêtements qui donneront pleinement vie à votre personnage.

Étape 5 : les hachures et les traits de volume. Cette étape vous permet d'ajouter des ombres et du volume à votre personnage, pour lui donner de la profondeur et du réalisme.

Bien plus qu'un simple guide, ce livre se veut un voyage dans le monde fascinant du dessin de personnages, une exploration de la forme humaine et de l'expression des émotions. Au-delà de l'apprentissage technique, le but est de vous inspirer et de vous inciter à explorer votre propre créativité. Le dessin de personnages n'est pas seulement une compétence, c'est aussi une forme d'expression personnelle : chaque personnage que vous dessinez révèle votre personnalité, il vous offre la chance de partager votre vision unique du monde.

Le matériel

Munissez-vous d'un crayon HB ou H, d'une gomme, d'un taille-crayon et de feuilles de papier. Les crayons HB et H sont polyvalents et vous permettront de varier l'épaisseur des lignes et l'intensité du tracé.

HOMME regardant au loin

Difficulté ○

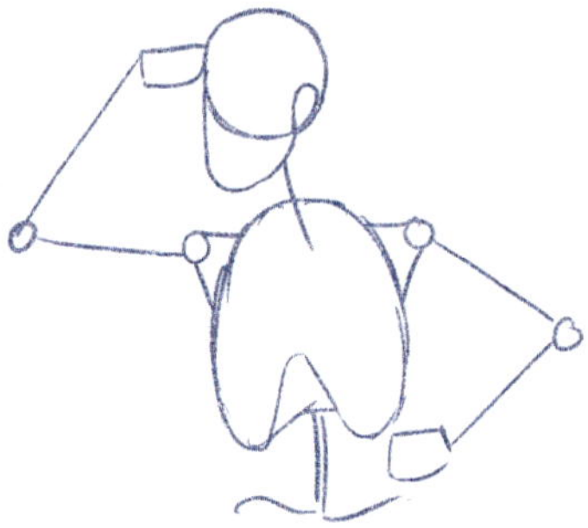

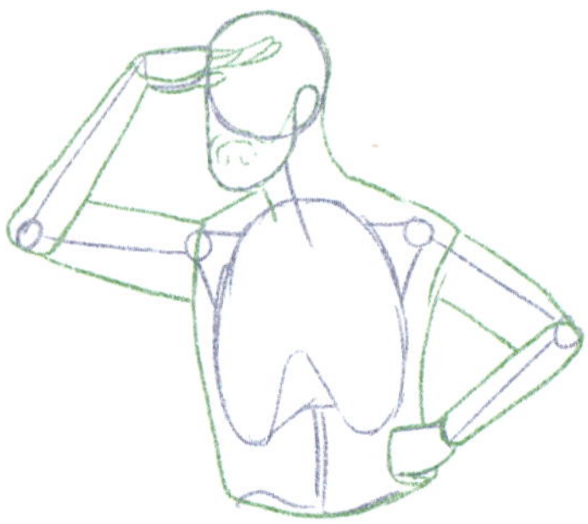

1. Dessinez le torse, la tête puis les bras, qui forment tous les deux le même angle de 60° environ.

2. Dessinez les volumes du torse et des bras, assez épais (sauf les avant-bras qui sont nus). Dessinez les mains précisément et tracez la barbe.

3. Effacez le squelette.

C'EST À VOUS

4. Détaillez les manches retroussées ainsi que les plis du pull, puis terminez le visage.

5. Tracez des hachures sous les bras et les plis du pull, mais aussi au niveau des yeux et du pouce pour marquer les ombres et les volumes.

HOMME ENDORMI

Difficulté ○

1. Dessinez le squelette avant de placer les coussins sous la tête. Le corps est horizontal, sauf la tête et le torse, inclinés à 45°.

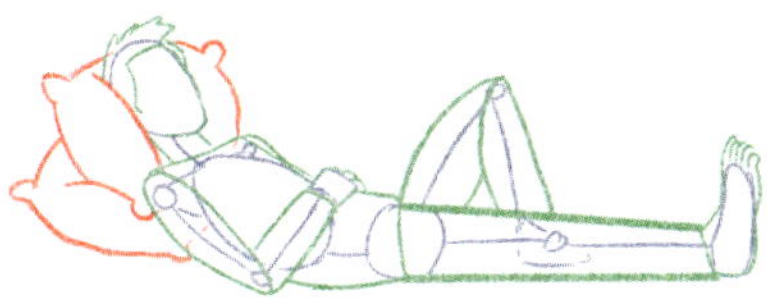

2. Placez les cheveux ainsi que les volumes principaux. Détaillez les doigts de la main droite et du pied droit.

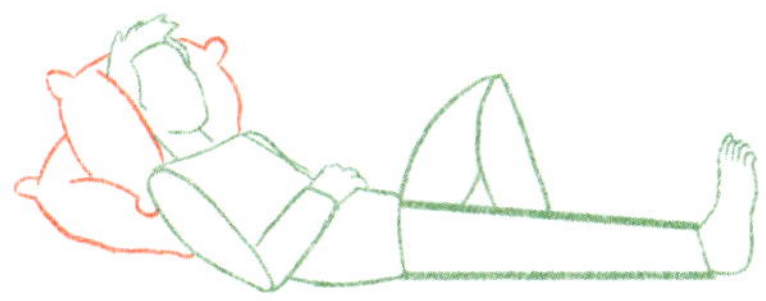

3. Effacez le squelette.

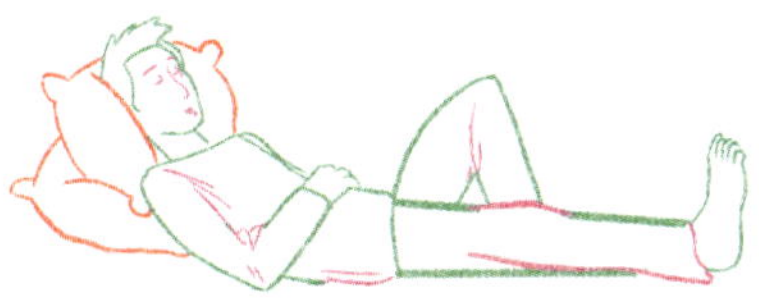

4. Ajoutez des plis légers dans les vêtements et dessinez le visage.

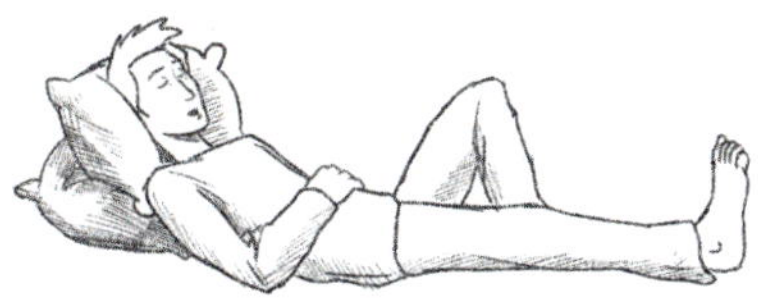

5. Dessinez des hachures sur les oreillers, sous le menton et tout le long du corps pour les ombres.

C'EST À VOUS

BÉBÉ à quatre pattes

Difficulté ○

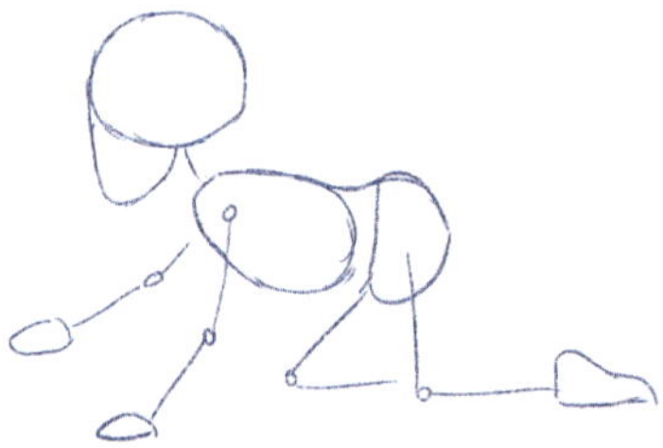

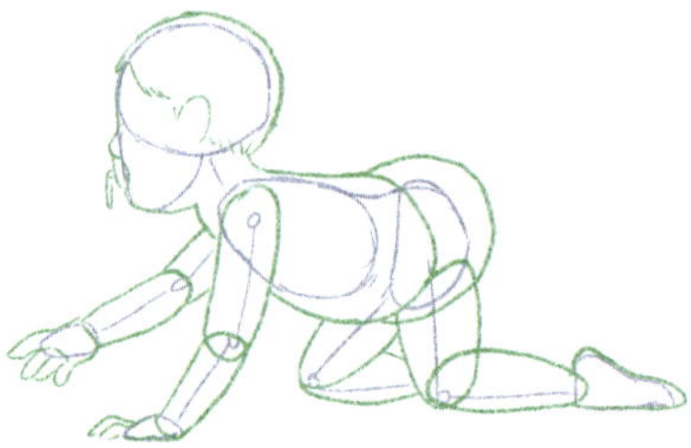

1. Attention à la tête, qui est assez grosse. Tous les membres sont au sol sauf la main droite et le torse, qui est horizontal. Il n'est pas utile de dessiner le pied droit, car il sera caché.

2. Ce bébé est à peine vêtu ; le corps est donc constitué essentiellement de formes très arrondies.

3. Effacez les traits du squelette. Dessinez les doigts, les cheveux et la tétine.

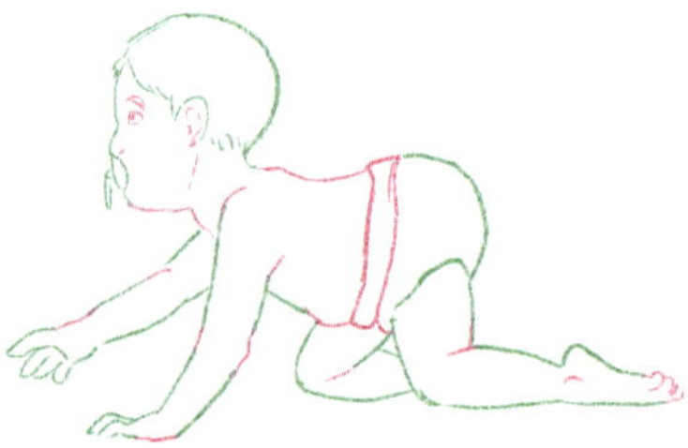

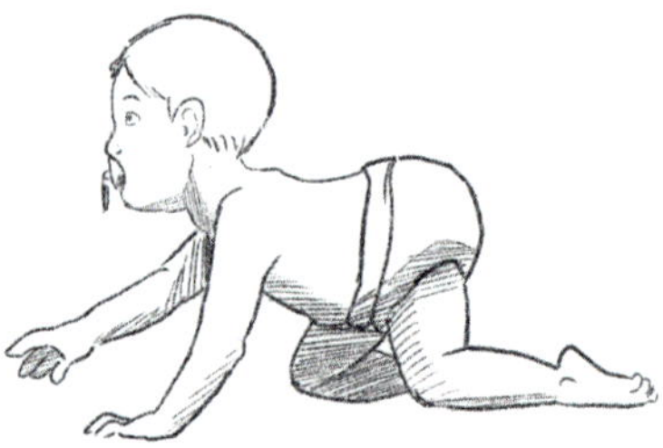

4. Retravaillez la silhouette : dessinez la couche et les orteils du pied. Tracez les yeux et l'intérieur de l'oreille, et finalisez tous les membres.

5. Faites des hachures sur le cou, le ventre, la couche et les membres pour marquer les ombres.

C'EST À VOUS

DANSEUSE ASSISE, enfilant une chaussette

Difficulté ○

1. Dessinez d'abord le tabouret, puis le personnage. Attention à ne pas faire le dos trop raide.

2. Le bras droit est presque entièrement caché, tout le personnage est de profil, sauf le torse de trois quarts.

3. Effacez le squelette.

4. Finalisez le débardeur, le short, les détails de la tête, les doigts et les chaussettes.

5. Ajoutez des hachures dans le cou, sur les cuisses et sous la poitrine pour marquer les ombres.

C'EST À VOUS

HOMME étendant du linge

Difficulté ○

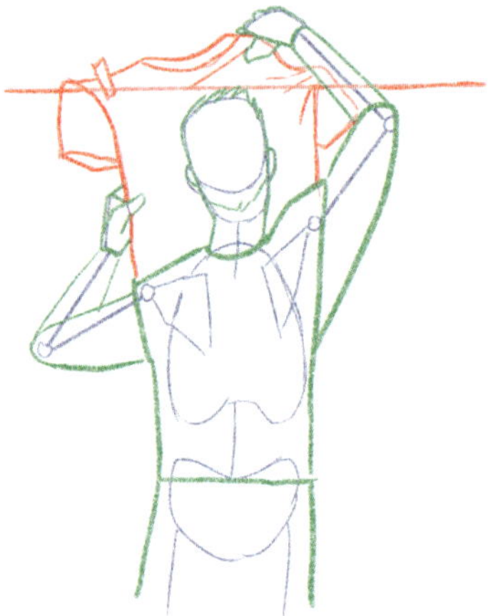

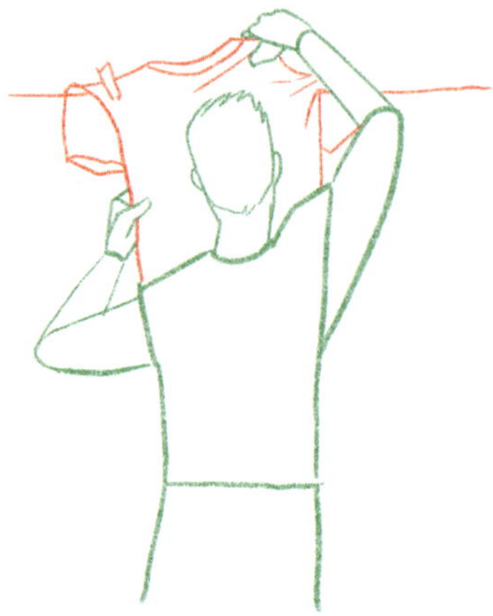

1. Dessinez le personnage sans les bras, puis la corde à linge avec le T-shirt et enfin les bras du squelette.

2. Dessinez les volumes du corps en faisant les avant-bras plus fins, car ils sont nus. Attention à l'épaule droite qui n'est pas rectiligne.

3. Effacez le squelette.

C'EST À VOUS

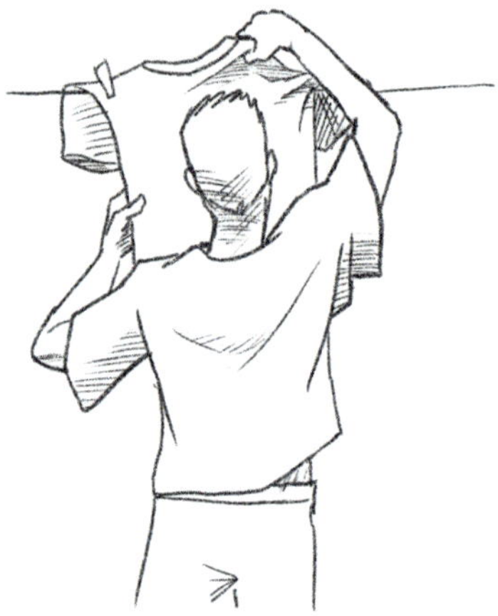

4. Dessinez le T-shirt porté, qui est relativement ample, et le haut du pantalon.

5. Placez des hachures sur la tête et les manches du personnage, ainsi que sous les manches du T-shirt étendu pour marquer les ombres.

FEMME en extension pour atteindre un objet

Difficulté ○

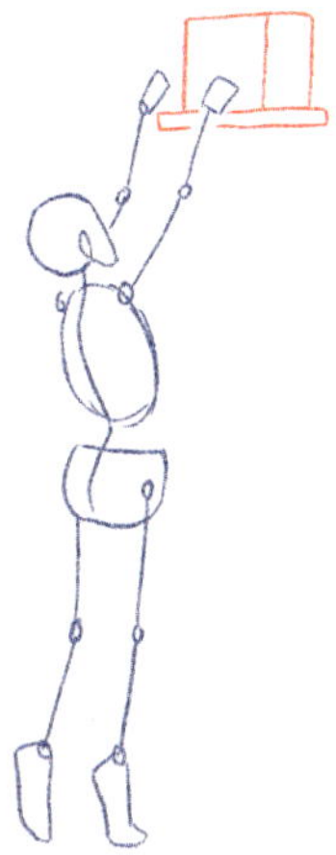

1. Le corps est droit mais l'axe bras-bassin-jambes est légèrement incliné vers la droite. Les jambes ne sont pas verticales. Un seul pied touche le sol. La tête est penchée vers l'arrière.

2. Les bras sont nus ; le reste du corps doit être légèrement épaissi pour la salopette. Dessinez la manche droite ainsi que les chaussures et la queue de cheval.

3. Effacez le squelette.

C'EST À VOUS

4. Ajoutez les détails de la tête et de la salopette : fermetures, plis et poches.

5. Tracez des hachures pour marquer les ombres sur le dos et les jambes, ainsi que sous la tête et la semelle droite.

FEMME assise tenant un téléphone

Difficulté ○

1. Dessinez d'abord le tabouret, puis le personnage ; le dos est droit et aligné avec le tabouret.

2. La robe recouvre entièrement les jambes et retombe en diagonale devant le tabouret. Les doigts viennent se replier sur le téléphone.

3. Effacez le squelette.

4. Finalisez les détails du visage et du haut de la robe.

5. Marquez les ombres avec des hachures sur la robe, au niveau de la cuisse et des chevilles, de l'aisselle et dans la chevelure.

C'EST À VOUS

HOMME se bouchant les oreilles

Difficulté ○

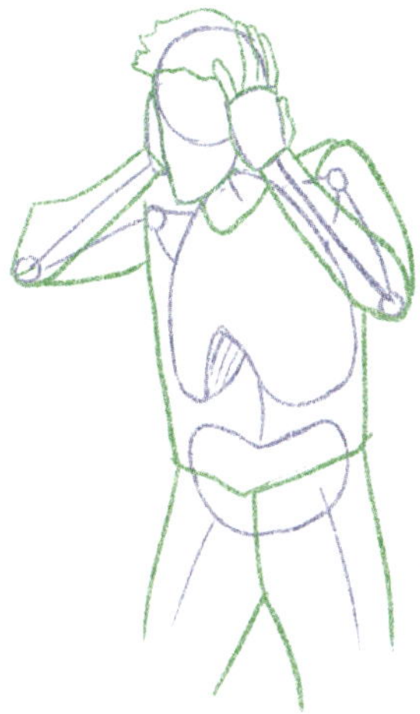

1. Dessinez le torse, la tête, puis les bras en dernier. Ceux-ci forment un angle très aigu. L'axe du corps est légèrement incliné vers la gauche.

2. Dessinez les volumes du torse et des membres. Dessinez les doigts, puis tracez le contour des cheveux.

3. Effacez le squelette.

4. Finalisez le pull avec les manches retroussées, puis le col. Terminez le visage et détaillez le pantalon avec les poches et la braguette.

5. Dessinez des hachures sous la tête et les bras pour marquer les ombres.

C'EST À VOUS

HOMME assis accoudé

Difficulté ○

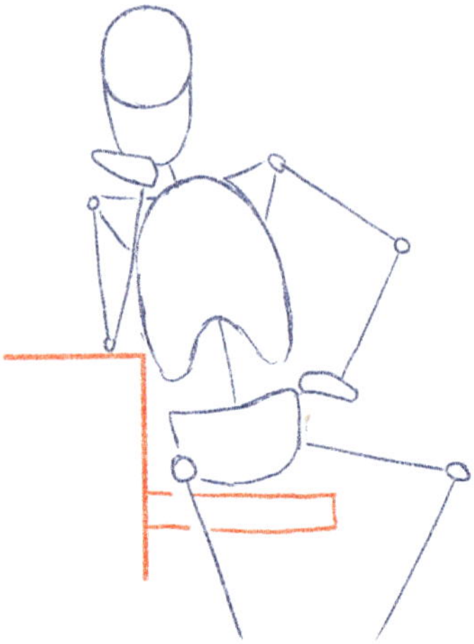

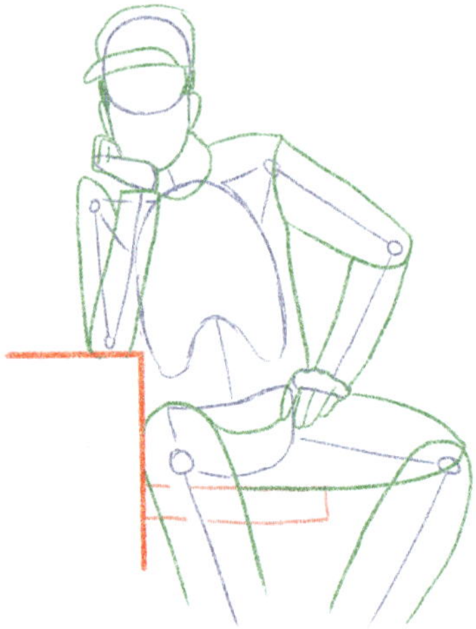

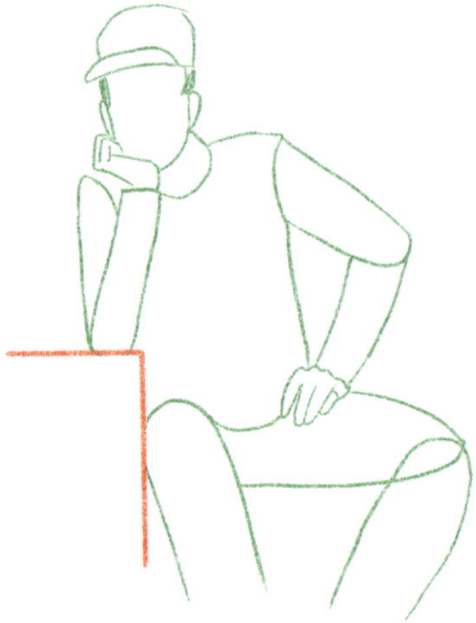

1. Dessinez la table et le siège, et faites ensuite le squelette : d'abord le corps, dont l'axe est incliné vers la gauche, puis les bras.

2. Ajoutez les volumes du corps, avec les jambes un peu larges à cause du pantalon. Dessinez la casquette et les doigts.

3. Effacez le squelette.

4. Dessinez le visage. Tracez les plis du pull (aux coudes, torse, col roulé) et du pantalon au niveau des genoux.

5. Ajoutez des hachures sous les bras, sur la casquette, entre les jambes et au bas du pantalon pour marquer les ombres.

C'EST À VOUS

FEMME écrivant

Difficulté ○

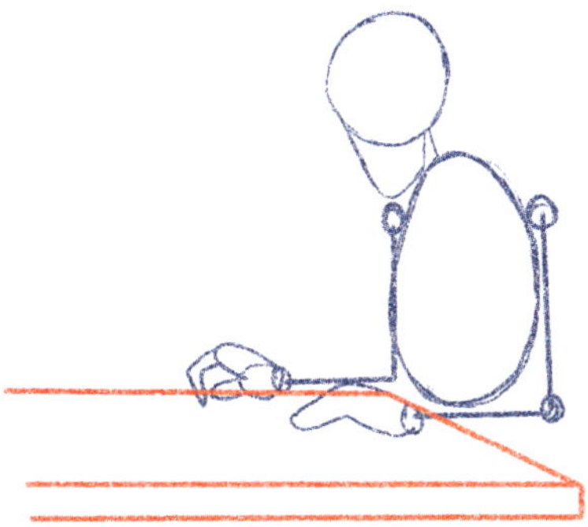

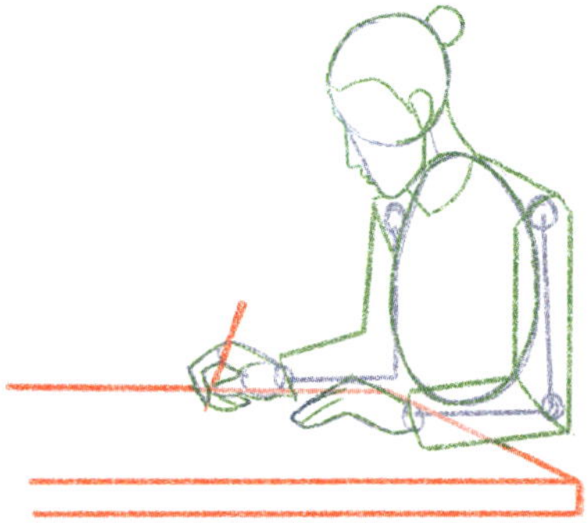

1. Dessinez d'abord la table, puis le personnage. La tête est légèrement penchée en avant. Les bras forment un angle droit.

2. Dessinez les manches droites, le visage de profil et les cheveux sans épaisseur. La main qui écrit s'inscrit dans un pentagone et les doigts entourent le stylo.

3. Effacez le squelette.

C'EST À VOUS

4. Détaillez la veste, les plis et le col de la chemise. Finalisez le visage et les cheveux.

5. Tracez des hachures sur les bras et sous la poitrine pour les ombres.

HOMME enfilant un pull

Difficulté ○

1. Dessinez le torse, la tête, puis les bras. Le bras droit est rectiligne.

2. Tracez la chevelure, puis les volumes des vêtements, en délimitant la zone du pull et le haut du pantalon. Dessinez les mains.

3. Effacez le squelette.

4. Détaillez tous les plis du pull, en traçant des lignes droites sur le bras droit. Dessinez la ceinture et les détails du pantalon, puis le visage.

5. Tracez des hachures sur les bras, sur le pull et entre les jambes pour marquer les ombres et les volumes.

C'EST À VOUS

FILLETTE cueillant une fleur

Difficulté ○

1. Dessinez le squelette avec une tête assez grosse et penchée vers l'avant. Les pieds sont sur les pointes et le bassin repose sur les talons. Tracez la fleur.

2. Dessinez le volume des membres et des cheveux. Les genoux sont très larges. Attention à la position des doigts autour de la fleur.

3. Effacez le squelette.

4. Détaillez les manches, la jupe, les chaussures, les cheveux et le visage.

5. Hachurez sous les cheveux, dans le cou, sous les bras et les jambes, ainsi que sur les pieds pour marquer les ombres.

C'EST À VOUS

HOMME avec une longue-vue

Difficulté ○

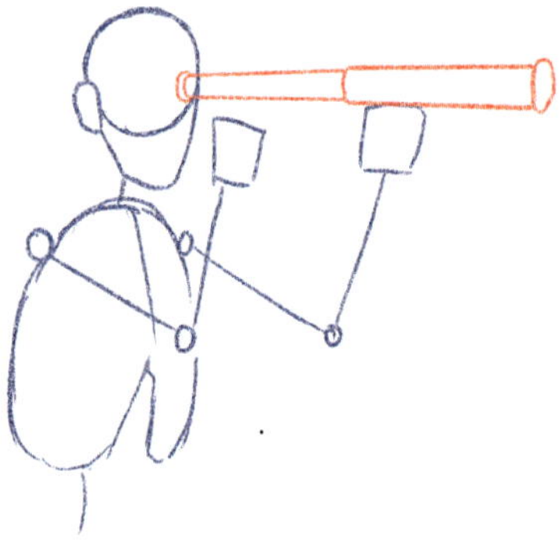

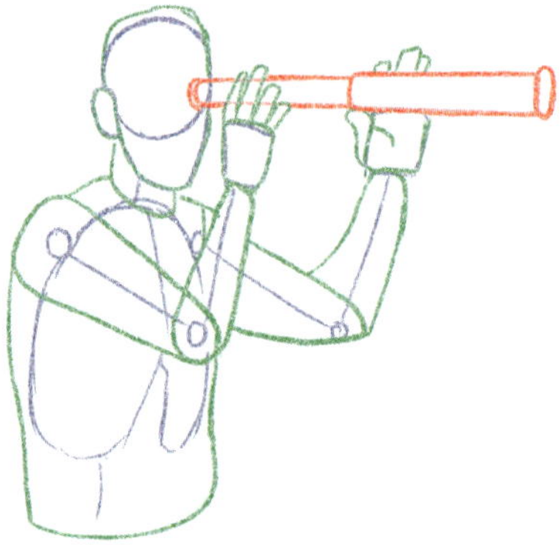

1. Dessinez d'abord le squelette, puis la longue-vue

2. Faites les volumes du torse et des bras, et détaillez les mains gantées.

3. Effacez le squelette.

4. Dessinez la casquette et les éléments du visage. Tracez les plis des manches retroussées et les détails des gants.

5. Tracez des hachures entre les bras et sur les manches. Noircissez la longue-vue pour faire ressortir le personnage.

C'EST À VOUS

HOMME PENCHÉ, un genou à terre

Difficulté ○

1. Le torse est incliné à 45°. Veillez à ce que la tête chevauche le torse et qu'elle soit placée à l'aplomb de la main gauche.

2. Ajoutez les volumes du torse et des membres, placez les cheveux et détaillez les doigts des mains.

3. Effacez le squelette.

4. Terminez la tenue avec les gants, le pantalon, les chaussures et le gilet, puis dessinez le visage.

5. Tracez des hachures sur le torse, au bas de la jambe droite et sur la jambe gauche pour marquer les ombres.

C'EST À VOUS

HOMME se retournant

Difficulté ○

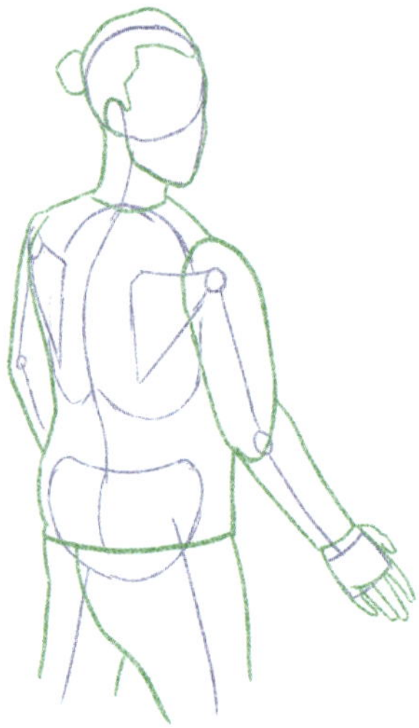

1. Dessinez le corps de trois quarts dos et la tête de trois quarts face.

2. Dessinez les volumes du torse et des membres, détaillez les doigts de la main droite et placez le chignon.

3. Effacez le squelette.

4. Dessinez la capuche et terminez les détails du sweat et du pantalon. Détaillez les cheveux et dessinez le visage.

5. Tracez des hachures sur le bras gauche, sous le bras droit, sous le menton, dans et sur la capuche pour marquer les ombres.

C'EST À VOUS

BÉBÉ assis

Difficulté ○○

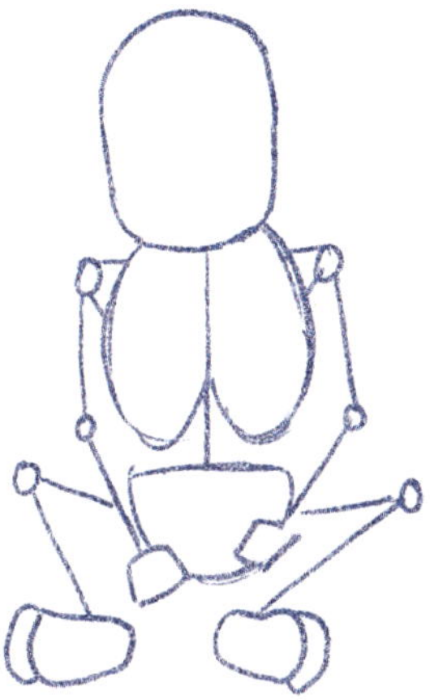

1. Notez que la tête doit sembler posée sur la cage thoracique. Seules les jambes donnent de la perspective dans cette pose.

2. Élargissez un peu les membres pour rendre l'épaisseur des vêtements. Les cheveux ajoutent aussi du volume au crâne. Dessinez les mains et les pieds.

3. Effacez le squelette.

4. Dessinez les éléments du visage. Ajoutez les plis typiques des vêtements amples.

5. Tracez des hachures au niveau des plis des vêtements, sous la tête et sous le ventre pour marquer les ombres.

C'EST À VOUS

FEMME se coiffant

Difficulté ○○

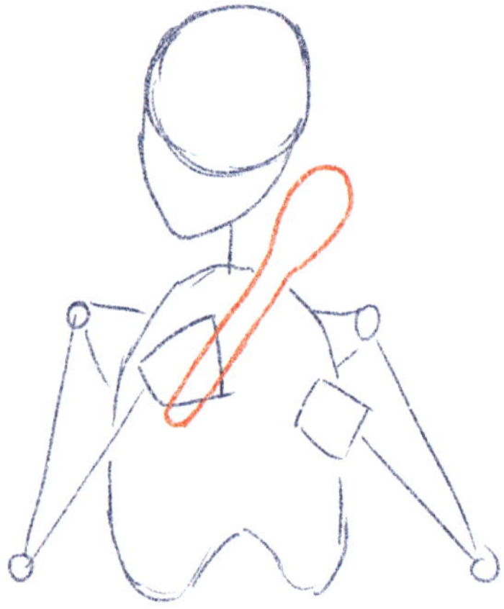

1. Dessinez le squelette, puis la brosse. Le corps est de face, mais la tête est de trois quarts et légèrement penchée.

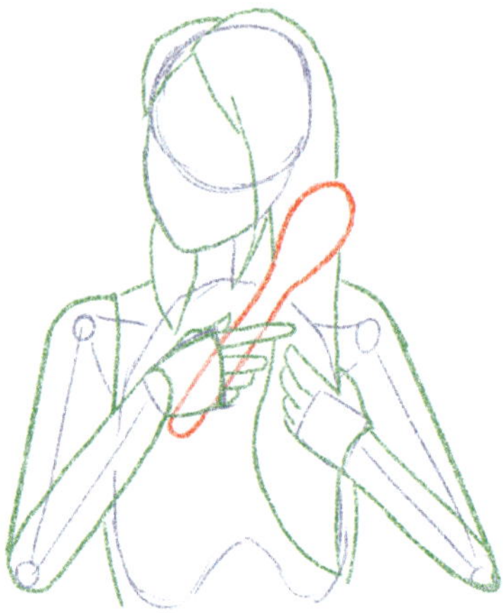

2. Les bras et les avant-bras sont bien droits et forment un angle de 20°. Dessinez rigoureusement les doigts qui tiennent les cheveux et entourent le manche de la brosse.

3. Effacez le squelette.

4. Finalisez les bras au niveau des coudes et des épaules. Détaillez les cheveux et les éléments du visage.

5. Dessinez des hachures sous la tête et sur la poitrine pour faire ressortir les bras et les mains.

C'EST À VOUS

HOMME assis sur un canapé

Difficulté ○○

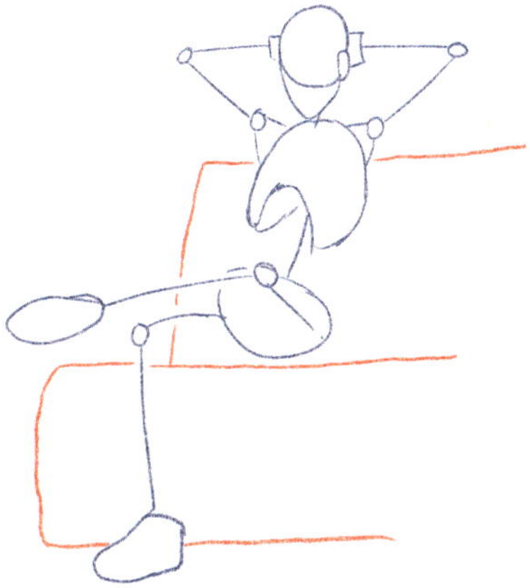

1. Dessinez le canapé, puis le personnage de trois quarts : le corps d'abord, les bras en dernier.

2. Ajoutez le volume du torse et des membres. Prenez en compte l'épaisseur du pantalon et de la chemise qui va jusqu'aux coudes.

3. Effacez le squelette.

4. Détaillez les plis de la chemise et les revers des manches, dessinez les détails du visage et ajoutez quelques plis sur le pantalon.

5. Ajoutez des hachures sous les bras et sur les jambes, ainsi que sur l'assise et le dossier du canapé pour marquer les ombres.

C'EST À VOUS

FEMME qui marche

Difficulté ○○

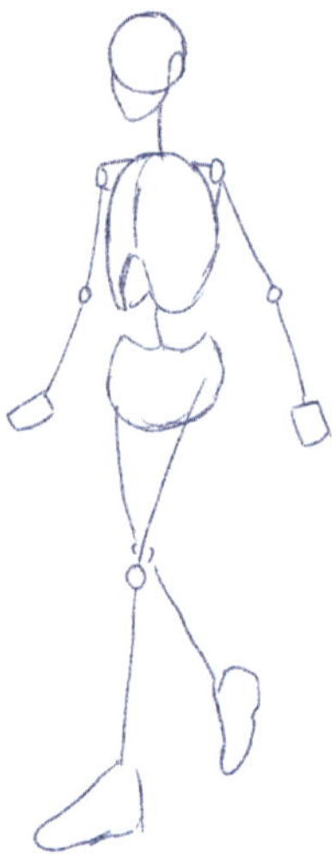

1. Ne vous trompez pas dans la position des membres : bras droit et jambe gauche devant, jambe droite et bras gauche derrière. L'axe du corps tombe au niveau du talon gauche.

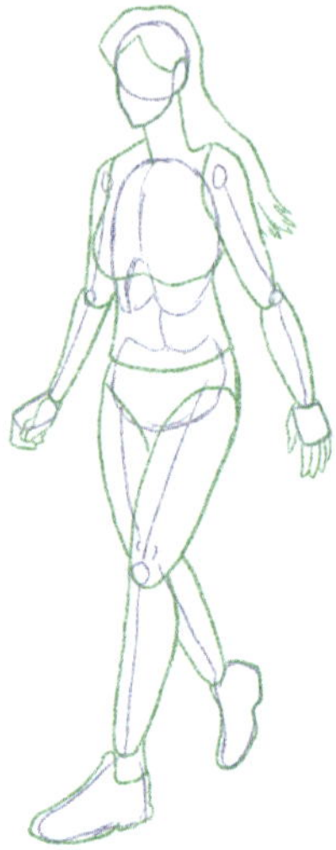

2. Dessinez le volume du torse et des membres. Les vêtements épousent la forme du corps, seuls les longs cheveux s'en détachent.

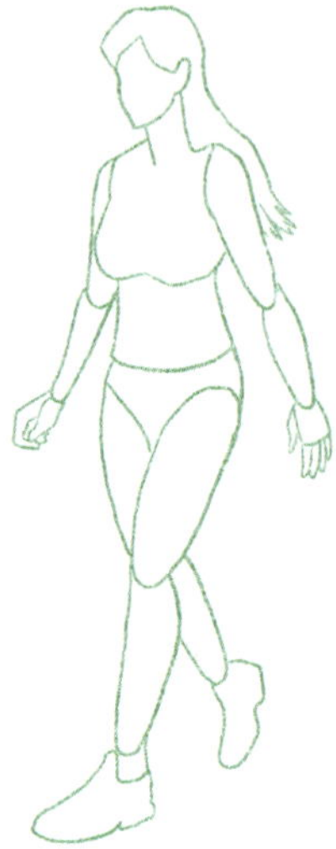

3. Effacez le squelette.

C'EST À VOUS

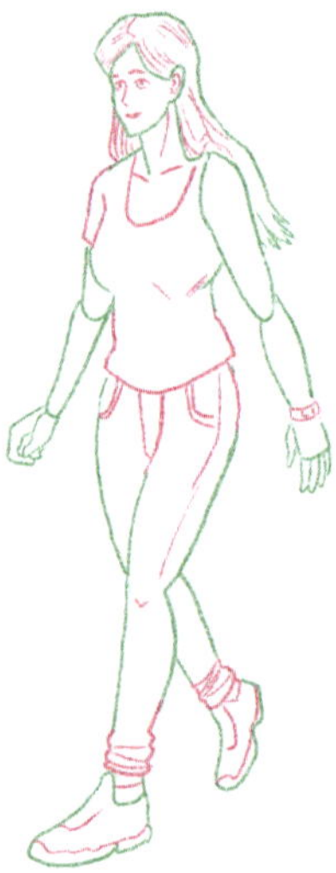

4. Détaillez le visage, le débardeur, le jean, les chaussures et la montre.

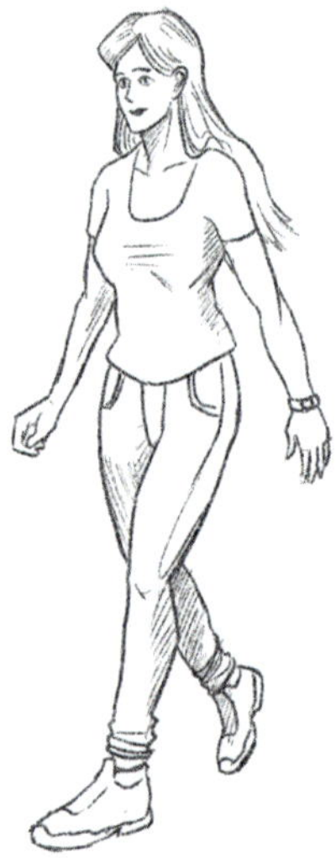

5. Tracez des hachures sous la tête, sous les bras et au bas des jambes pour marquer les ombres.

HOMME passant l'aspirateur

Difficulté ○○

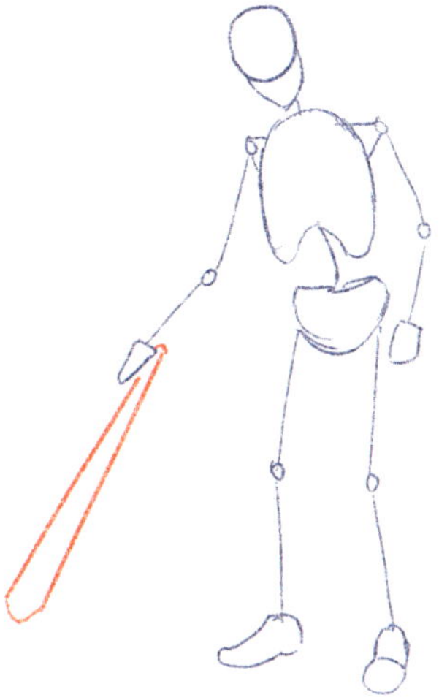

1. Attention à ne pas dessiner le personnage droit et raide, le haut du corps (tête et torse) est penché vers l'avant.

2. Simplifiez l'aspirateur si besoin. Ajoutez les volumes du torse et des membres. Attention, les avant-bras sont nus donc plus fins. Dessinez le tablier.

3. Effacez le squelette.

C'EST À VOUS

4. Ajoutez les détails du tablier et dessinez le visage. Tracez les manches du T-shirt, les plis du pantalon et les détails des chaussures.

5. Tracez quelques hachures sous le tablier et sous les bras pour marquer les volumes et les ombres.

SERVEUSE DE CAFÉ

Difficulté ○○

1. Dessinez le personnage de face, puis ajoutez le plateau. Le bras gauche forme presque un angle droit (95°), l'autre est plié à 30°.

2. Dessinez les bouteilles et les verres sur le plateau, puis ajoutez les volumes du torse, des membres et des cheveux, ainsi que le tablier.

3. Effacez le squelette.

4. Ajoutez les détails, la ceinture du tablier, le col de la chemise et les manches du pull, puis dessinez le visage et les cheveux.

5. Tracez des hachures sur certains éléments du plateau, sur les bras, la poitrine et le tablier pour marquer les ombres.

C'EST À VOUS

HOMME attrapant un verre

Difficulté ○○

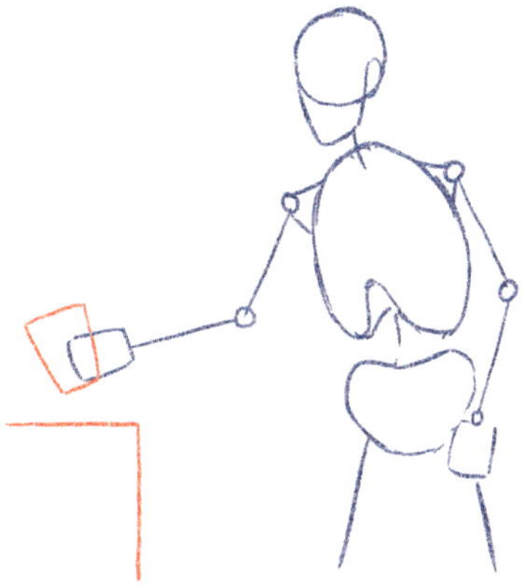

1. Dessinez le personnage, le verre, puis la table. L'axe tête-torse-bassin est légèrement incliné vers la gauche.

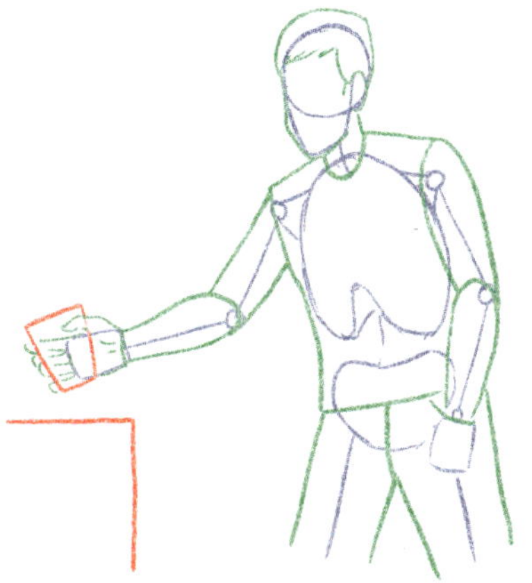

2. Détaillez les doigts de la main droite, placez les cheveux et tracez la forme du visage. Dessinez les volumes du torse et des membres.

3. Effacez le squelette.

C'EST À VOUS

4. Dessinez les cheveux et les éléments du visage, finalisez le T-shirt avec les manches et les plis, et enfin détaillez le pantalon.

5. Tracez des hachures sous les bras, la tête et au niveau des plis du T-shirt pour marquer les ombres.

FEMME saluant

Difficulté ○○

1. Le corps est droit et de trois quarts, pieds sur les pointes car le personnage aura des talons. La tête est de face et légèrement penchée vers la gauche.

2. Ajoutez l'épaisseur des vêtements. Marquez l'épaule qui se soulève, le creux de la taille et l'arrondi des fesses. Dessinez les chaussures et la chevelure.

3. Effacez le squelette.

4. Dessinez les détails de la veste et du jean, puis le visage et la montre.

5. Tracez des hachures sur la jambe gauche, sous le bras droit, le pantalon et la poitrine pour marquer le volume et les ombres.

C'EST À VOUS

HOMME aux bras croisés

Difficulté ○○

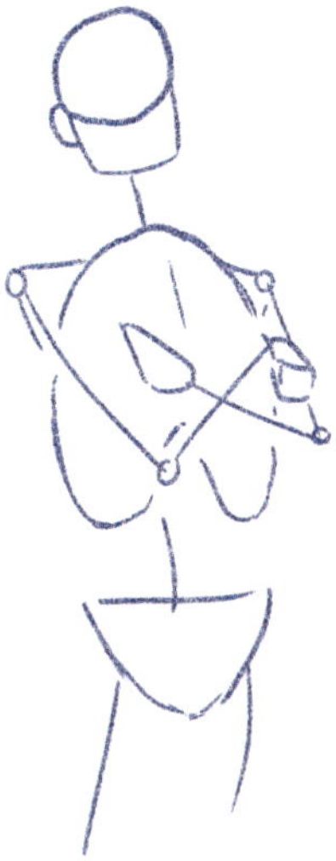

1. Dessinez le corps, la tête, puis les bras croisés. Le personnage est de trois quarts, l'axe du corps légèrement incliné vers la gauche, et sa tête est levée.

2. Dessinez les volumes du corps : d'abord les bras avec les doigts, puis le torse et les cuisses. Placez les cheveux et dessinez le maillot de bain.

3. Effacez le squelette.

4. Détaillez le débardeur et le visage. Dessinez des lunettes de soleil.

5. Noircissez en partie les verres des lunettes de soleil et colorez le maillot. Dessinez des hachures sous les bras et le menton pour marquer les ombres.

C'EST À VOUS

HOMME passant le balai

Difficulté ○○

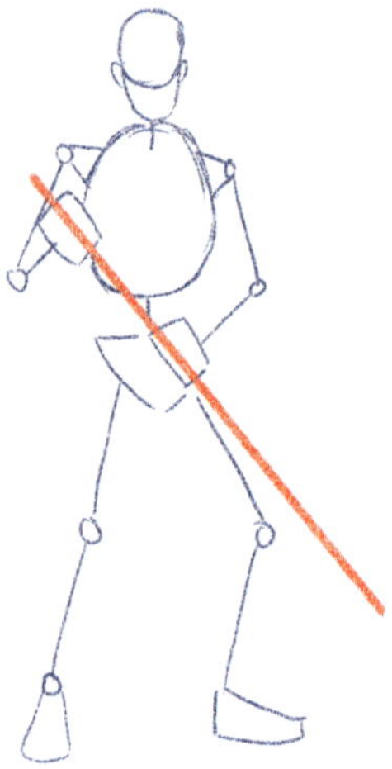

1. Veillez à écarter les jambes : les fémurs forment un angle d'environ 45° et les tibias sont parallèles. Le manche du balai est incliné à 45°. Attention au bras droit, vu de face, donc très court.

2. Dessinez l'épaisseur des vêtements et les volumes des épaules et des cuisses. Placez les cheveux. Tracez la brosse du balai.

3. Effacez le squelette.

4. Précisez les contours des bras et des jambes, ainsi que le débardeur et le short. Détaillez le visage. Ajoutez des lunettes de soleil.

5. Tracez des hachures sur les vêtements et sous le short pour marquer les ombres et les volumes.

C'EST À VOUS

FEMME aux mains sur les hanches

Difficulté ○○

1. Le personnage se tient droit, de trois quarts, la tête légèrement penchée vers l'avant.

2. Le bras gauche forme presque un angle droit, l'autre un angle plus ouvert. Attention à la main droite, en raccourci. Les cheveux forment une masse importante autour du crâne.

3. Effacez le squelette.

4. Ajoutez les détails de la robe et du visage, et dessinez la montre et les chaussures.

5. Faites des hachures sous la poitrine, la taille, le cou et la robe pour marquer les ombres.

C'EST À VOUS

HOMME se prenant la tête dans les mains

Difficulté ○○

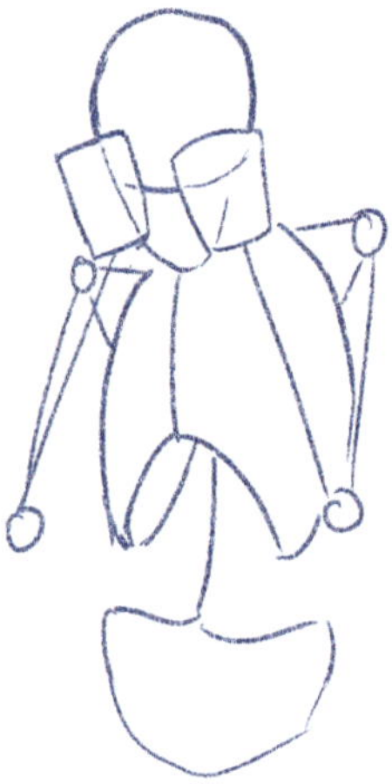

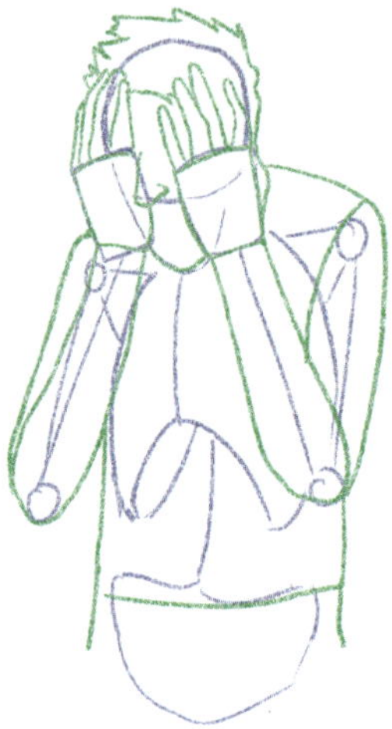

1. Dessinez le corps droit, la tête légèrement penchée en avant, puis les bras.

2. Détaillez les doigts, les cheveux et placez le nez. Dessinez les volumes du torse et des bras.

3. Effacez le squelette.

4. Détaillez la chemise : les manches, les plis au niveau des coudes, les boutons et le col. Dessinez le visage et la ceinture du pantalon.

5. Noircissez les cheveux. Dessinez des hachures entre les bras, sur les coudes et juste au-dessus de la ceinture pour marquer les ombres et les volumes.

C'EST À VOUS

HOMME pêchant à la ligne

Difficulté ○○

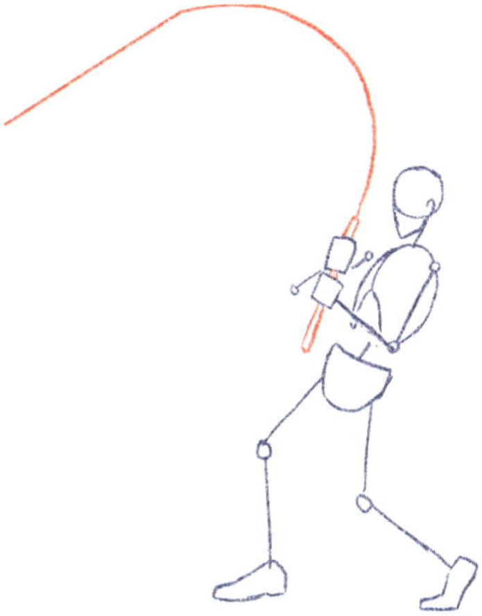

1. Dessinez le corps, les bras, puis la canne à pêche. Le personnage doit être penché en arrière.

2. Dessinez les volumes du torse et des membres : les jambes sont épaisses à cause de la tenue de pêche. Placez la casquette et les cheveux, détaillez la canne.

3. Effacez le squelette.

4. Ajoutez les plis sur la salopette et finalisez la tenue. Dessinez le visage et les mains.

5. Ajoutez des hachures sous les bras et sur les jambes pour marquer les ombres.

C'EST À VOUS

HOMME lisant

Difficulté ○○○

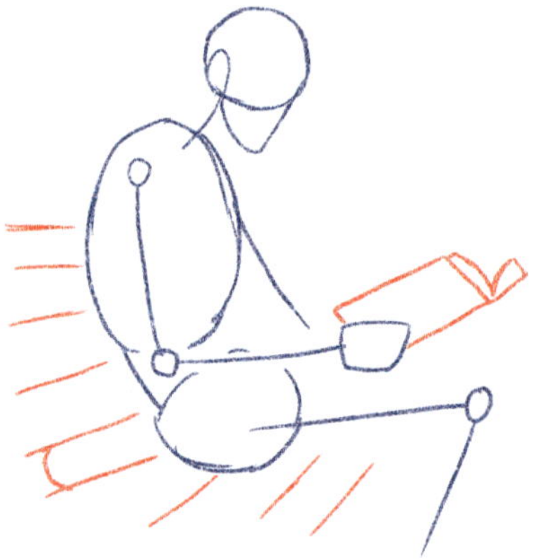

1. Dessinez le squelette, puis le livre et le banc. La tête est désaxée par rapport au torse, car penchée en avant. Elle se trouve à l'aplomb du bassin

2. Dessinez les volumes des vêtements et détaillez les doigts des deux mains. Dessinez le bonnet et le profil du visage. Hachurez le banc.

3. Effacez le squelette.

C'EST À VOUS

4. Ajoutez les détails de la veste : les plis des manches, de la capuche et du devant. Faites de même pour le pantalon, puis détaillez le visage.

5. Tracez des hachures sur et sous le bras, sur les jambes et sur le livre pour marquer les ombres.

BÉBÉ avec un jouet

Difficulté ○○○

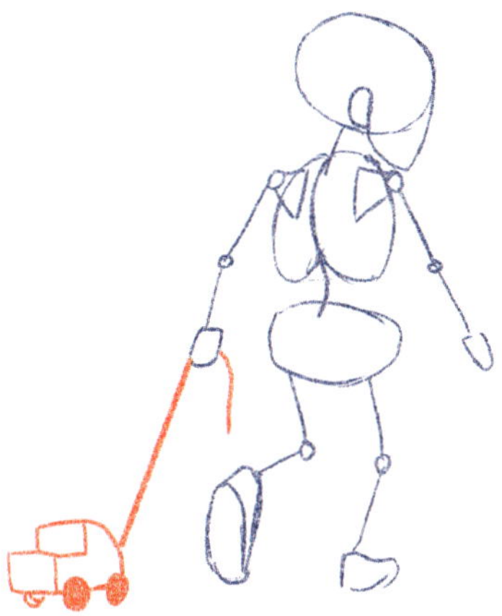

1. Penchez légèrement le corps en avant. Attention à ne pas faire la tête trop petite et à bien distinguer chaque membre du corps. Dessinez le jouet.

2. Faites les épaules et le torse plus larges que le bassin (le short). Élargissez aussi les pieds pour les chaussettes. Placez la chevelure. Dessinez les mains.

3. Effacez le squelette.

C'EST À VOUS

4. Dessinez le visage, puis tous les plis du short et du T-shirt.

5. Tracez des hachures sur le T-shirt et le short pour marquer les ombres.

HOMME pointant du doigt

Difficulté ○○○

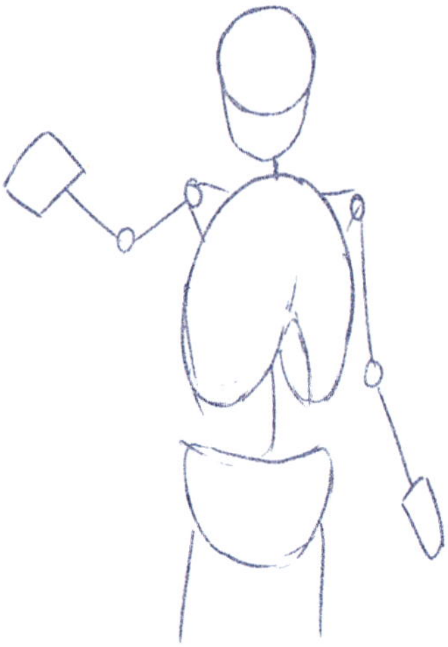

1. Dessinez le torse, la tête et les bras du squelette.

2. Tracez les volumes principaux et simplifiez les mains. Placez les cheveux et les oreilles. Attention, le bras droit est court et épais, car vu en perspective.

3. Effacez le squelette.

4. Détaillez les mains, ajoutez le sac à dos, les détails du polo (col, plis), la ceinture et les détails du pantalon. Dessinez le visage.

5. Placez des hachures sous les bras, sous le menton et au niveau des plis du polo pour marquer les ombres et les volumes.

C'EST À VOUS

FEMME ouvrant la porte

Difficulté ○○○

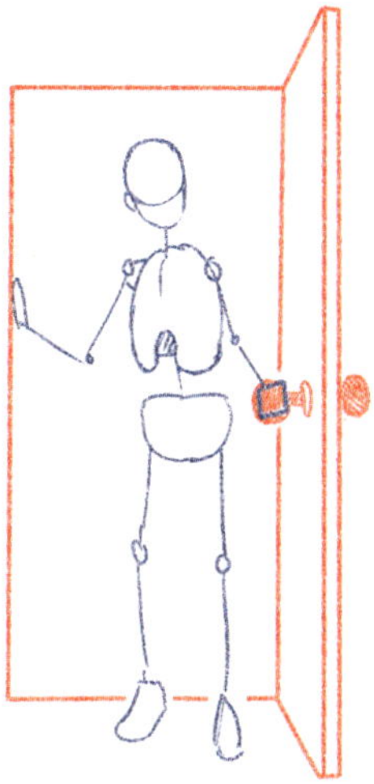

1. Dessinez l'encadrement de la porte, puis la porte elle-même, en perspective donc très étroite. Tracez le squelette.

2. Dessinez le volume des membres et des vêtements. Placez les cheveux. Attention à l'avant-bras gauche, très court car vu presque de face.

3. Effacez le squelette.

4. Précisez le contour du T-shirt et du pantalon, et dessinez les pantoufles.

5. Tracez quelques hachures sur les memebres de droite et sous le bras gauche pour marquer les ombres.

C'EST À VOUS

HOMME en train de manger

Difficulté ○○○

1. Dessinez l'assise, le personnage, puis l'assiette. Le dos est droit et les genoux sont plus hauts que le bassin.

2. Dessinez les manches et les jambes du costume avec des formes droites et anguleuses. Gonflez la joue gauche, car l'homme mange.

3. Effacez le squelette.

4. Faites des plis au niveau des coudes et des genoux. Dessinez les détails du visage, de la veste, de la cravate et des chaussures.

5. Tracez des hachures sur les jambes et sur la veste pour marquer les ombres et les volumes.

C'EST À VOUS

HOMME tendant la main

Difficulté ○○○

1. Dessinez le squelette, pas trop raide. Le visage est de profil, mais le corps ne l'est pas totalement, pour donner un peu de profondeur.

2. Tracez le volume des vêtements, qui sont amples, sans plis particuliers. Dessinez les mains et le nez. Placez les cheveux.

3. Effacez le squelette.

4. Détaillez la manche droite, ajoutez le col et la poche de la veste, et les ourlets au bas du pantalon. Dessinez le visage.

5. Tracez des hachures sur la jambe et la manche de droite pour la profondeur, ainsi que sous le menton et sur le pantalon pour les ombres et les volumes.

C'EST À VOUS

BÉBÉ commençant à marcher

Difficulté ○○○

1. La tête, le torse et le bassin sont alignés sur un axe vertical qui doit tomber entre les deux pieds. L'oreille, le poignet et le pied droits sont aussi alignés.

2. Le bébé ne porte qu'un body, donc n'élargissez pas trop les membres. Le ventre doit être un peu bombé.

3. Effacez le squelette.

C'EST À VOUS

4. Dessinez les cheveux, le visage, les doigts et délimitez bien le body en haut des cuisses et sur les épaules.

5. Tracez quelques hachures discrètes sur les membres et sous le ventre pour marquer les ombres et les volumes.

HOMME en train de réfléchir

Difficulté ○○○

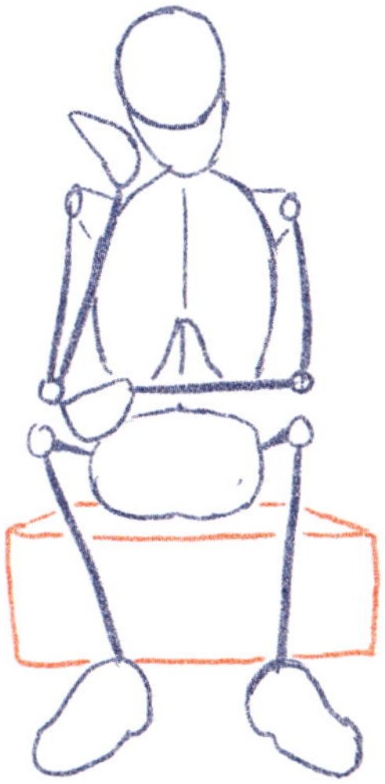

1. Dessinez d'abord l'assise, puis le squelette. La tête est légèrement inclinée vers la gauche.

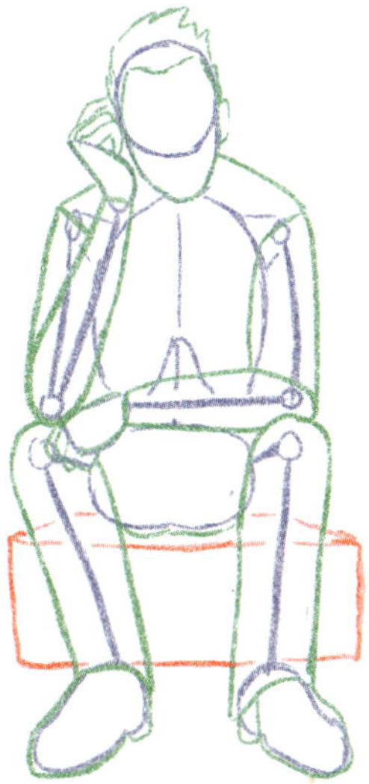

2. Placez tous les volumes en commençant par le torse, la tête, puis les jambes et enfin les bras.

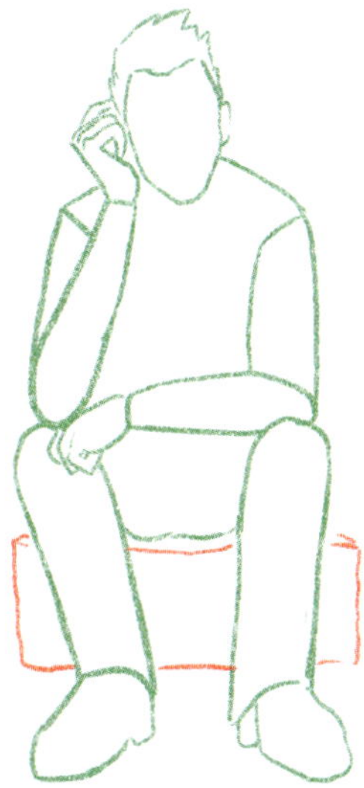

3. Effacez le squelette.

4. Tracez les plis du costume, le col de la chemise et de la veste, sans oublier la cravate. Dessinez les détails du visage et des chaussures.

5. Tracez des hachures entre les jambes et sur le siège pour bien faire ressortir le personnage.

C'EST À VOUS

HOMME portant un carton

Difficulté ○○○

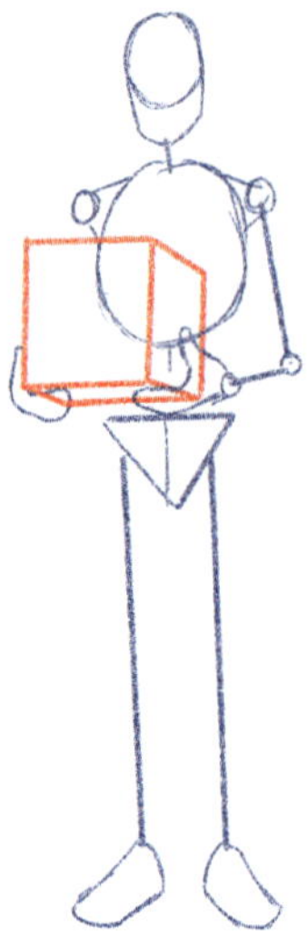

1. Dessinez le squelette bien vertical, sans les bras, puis le carton et enfin les bras.

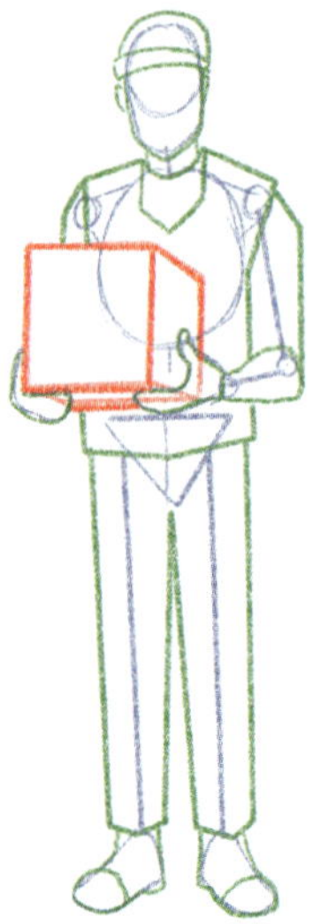

2. Simplifiez les mains, dessinez les volumes du torse et des membres, ainsi que le bonnet.

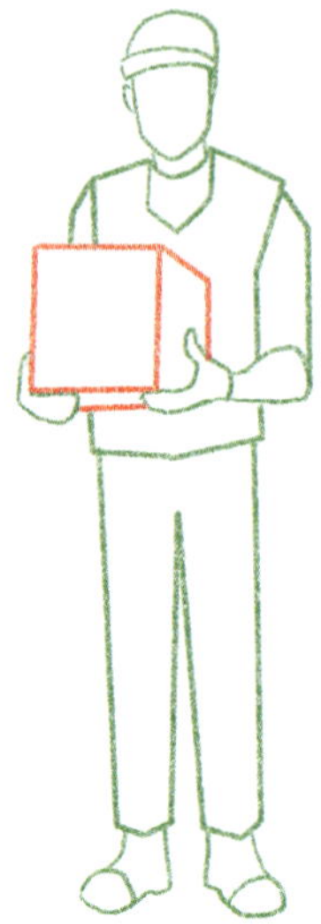

3. Effacez le squelette.

4. Détaillez la tenue avec les bandes de la veste et du pantalon, les plis aux coudes et aux genoux. Dessinez le visage et la barbe, et finalisez le carton.

5. Noircissez la veste et les bandes du pantalon pour bien distinguer le personnage du carton.

C'EST À VOUS

FEMME montant un escalier

Difficulté ○○○

1. Dessinez d'abord l'escalier avant de faire le squelette. L'axe vertical tête-torse-bassin tombe au bout du pied gauche.

2. La tête est levée et de profil. Le pied gauche est à plat, de trois quarts ; le droit est de profil, en appui sur les orteils, le talon soulevé.

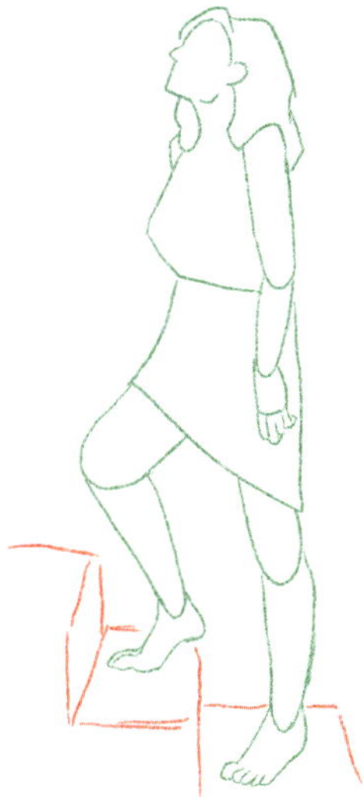

3. Effacez le squelette.

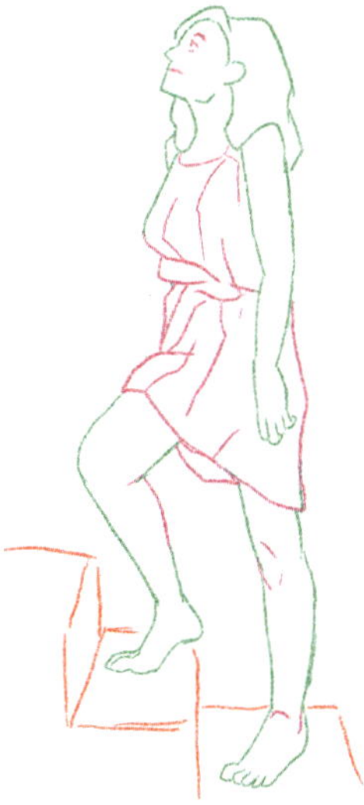

4. Marquez les plis de la robe et dessinez les éléments du visage.

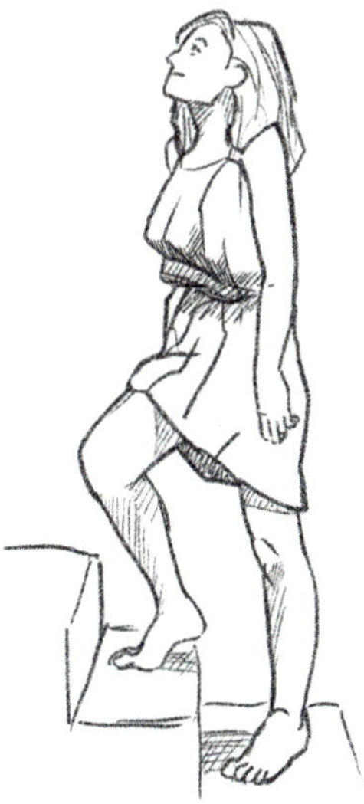

5. Faites des hachures sous la poitrine, à la taille, sous la tête et sous la robe pour les ombres propres, et sur l'escalier pour les ombres portées.

C'EST À VOUS

HOMME ASSIS,
les bras autour des genoux

Difficulté ○○○

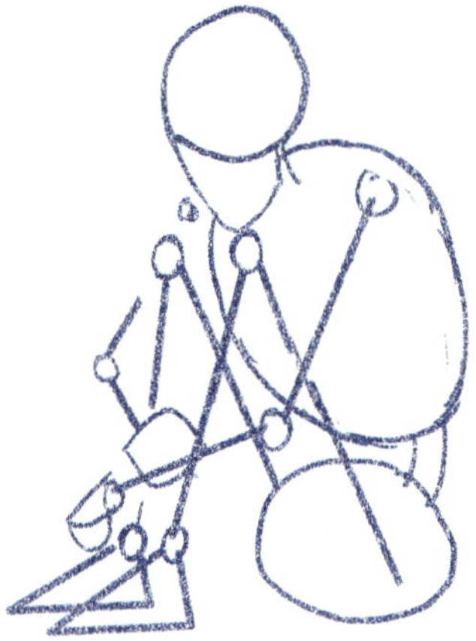

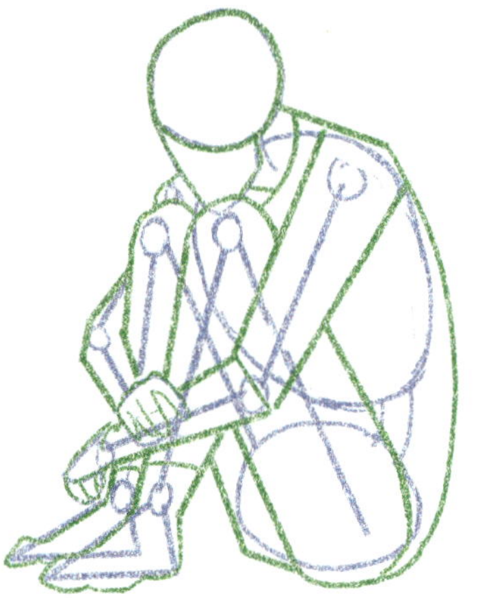

1. Distinguez bien les membres : les mains et les pieds sont très proches, les fémurs sont parallèles et le menton touche les genoux. Le dos est arrondi.

2. Arrondissez la courbe du dos, ajoutez le volume des bras, puis des jambes. Dessinez les doigts des mains.

3. Effacez le squelette.

4. Ajoutez les cheveux et les détails du visage. Dessinez le T-shirt et le short. N'oubliez pas les détails des chaussettes.

5. Dessinez des hachures sous les bras, sur les jambes et sous la tête pour marquer les ombres.

C'EST À VOUS

HOMME MUSCLÉ

Difficulté ○○○

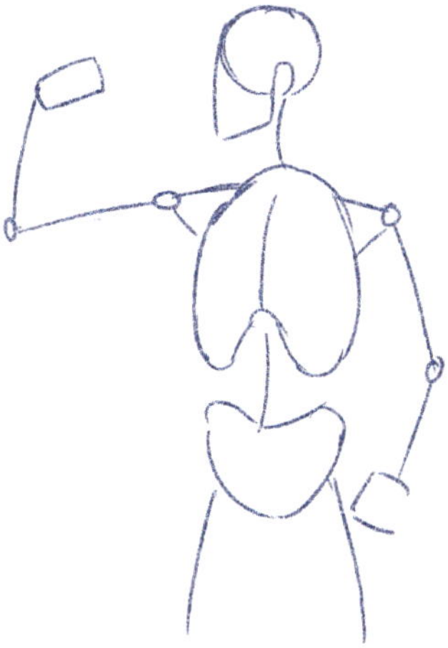

1. Le corps est de face mais le bras droit et la tête sont de profil.

2. Le personnage a une forte musculature, donc les muscles sont volumineux : schématisez-les par des formes arrondies. Détaillez les mains et placez les cheveux.

3. Effacez le squelette.

4. Détaillez les muscles du torse, le visage et le short.

5. Tracez des hachures sous la tête, sur les bras, les pectoraux et les abdominaux pour accentuer le volume des muscles.

C'EST À VOUS

HOMME ÂGÉ qui marche

Difficulté ○○○

1. Dessinez le squelette : le torse est légèrement penché en avant, la tête est inclinée et chevauche le torse. Dessinez la canne.

2. Dessinez le chapeau, puis placez les volumes des membres. Détaillez les doigts de la main sur la canne.

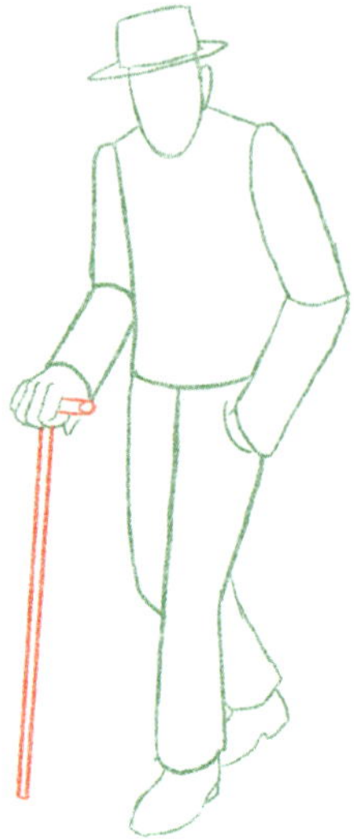

3. Effacez le squelette.

4. Dessinez la veste avec les plis et les boutons. Terminez les chaussures et le pantalon. Placez les lunettes, la barbe et le ruban du chapeau.

5. Tracez des hachures sous le chapeau et sur les bras, le pull et au bas de la jambe droite pour marquer les ombres et les volumes.

C'EST À VOUS

FEMME ET PETITE FILLE

Difficulté ○○○○

1. La tête de la petite fille est à la hauteur du bassin de la femme. La tête de la petite fille paraît grosse par rapport à son corps. La tête, le bassin et le pied droits de la femme sont sur un axe vertical.

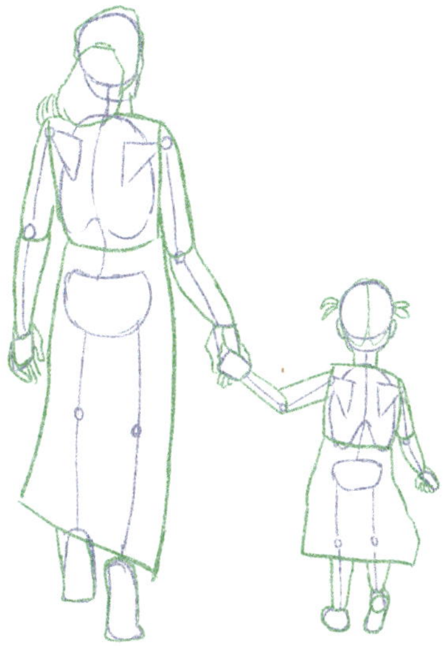

2. Tracez le volume des vêtements et des cheveux. Les pans des robes sont obliques pour suggérer le mouvement.

3. Effacez le squelette.

4. Finalisez les vêtements : les manches et les plis des robes. Ajoutez les détails des chaussures et des cheveux.

5. Tracez des hachures à la taille, sous les cheveux, les manches et le bas des robes pour marquer les ombres.

C'EST À VOUS

FEMME portant un bébé

Difficulté ○○○○

1. Dessinez la femme sans les bras, puis le bébé et les bras de la femme. Le coude forme un angle droit.

2. Mettez en place les silhouettes globales et dessinez les doigts de la femme.

3. Effacez le squelette.

4. Détaillez la robe et les cheveux de la femme, ainsi que le visage des deux personnages.

5. Tracez des hachures sous la tête et sur les bras de la femme, et sous le bébé pour marquer les ombres.

C'EST À VOUS

HOMME ENDORMI dans un hamac

Difficulté ○○○○

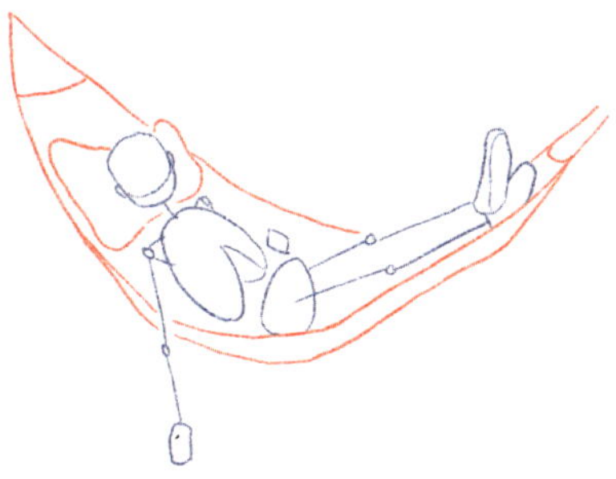

1. Dessinez le squelette d'abord et le hamac ensuite, pour que celui-ci épouse correctement le corps.

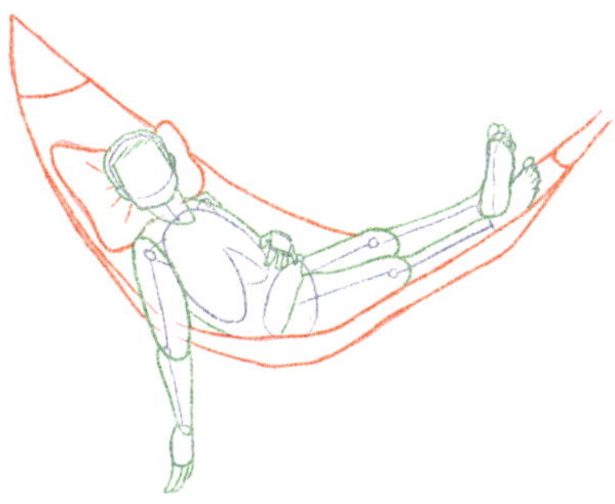

2. Dessinez les volumes du corps, dont certains (des fesses jusqu'aux talons) sont partiellement cachés. Détaillez les mains et les pieds.

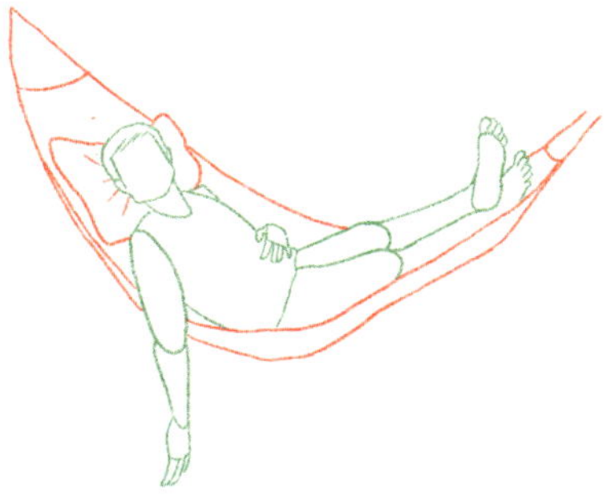

3. Effacez le squelette.

C'EST À VOUS

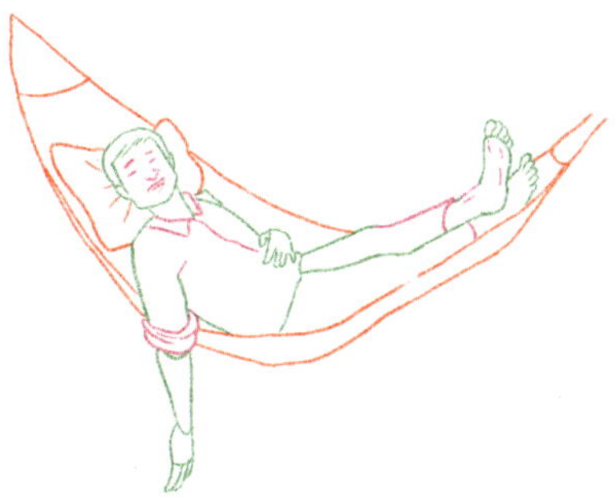

4. Détaillez le visage, la manche droite et le col de la chemise.

5. Hachurez le hamac pour mieux faire ressortir le personnage.

FEMME jouant aux échecs

Difficulté ○○○○

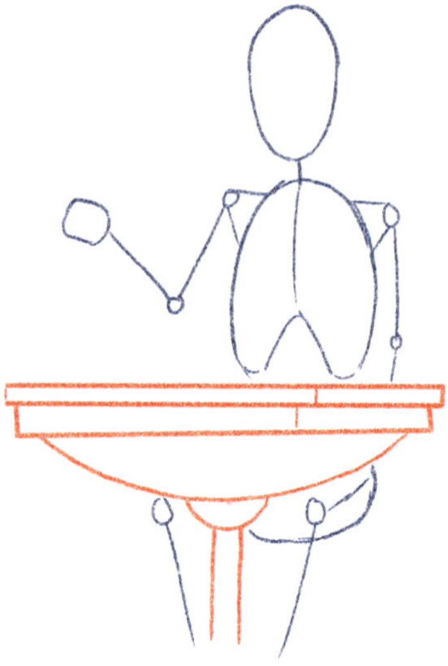

1. Dessinez d'abord la table sans les pièces, puis le squelette.

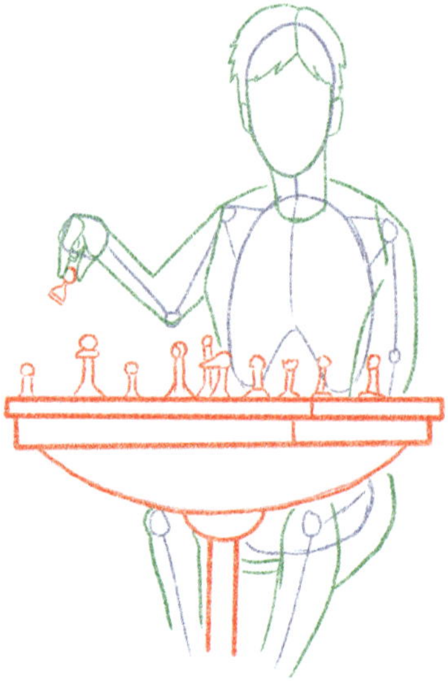

2. Dessinez les pièces, puis les volumes du torse, des membres et des cheveux. Attention à la position des doigts qui tiennent la pièce.

3. Effacez le squelette.

4. Dessinez les détails de la veste, avec les plis au coude droit, et de la tête.

5. Tracez des hachures sur le T-shirt, sur les manches, sous la table et sur les jambes pour marquer les ombres.

C'EST À VOUS

HOMME soulevant une caisse

Difficulté ○○○○

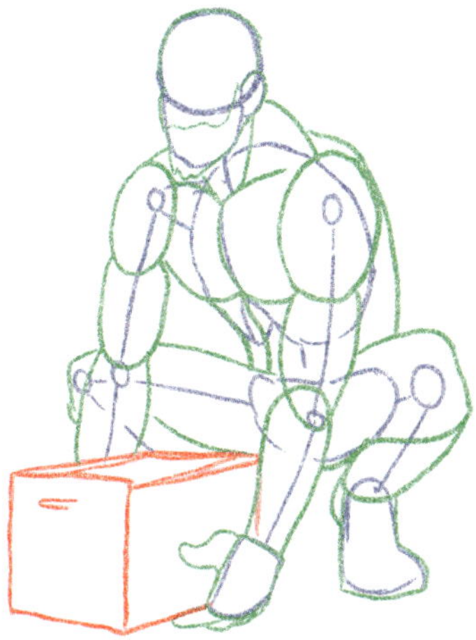

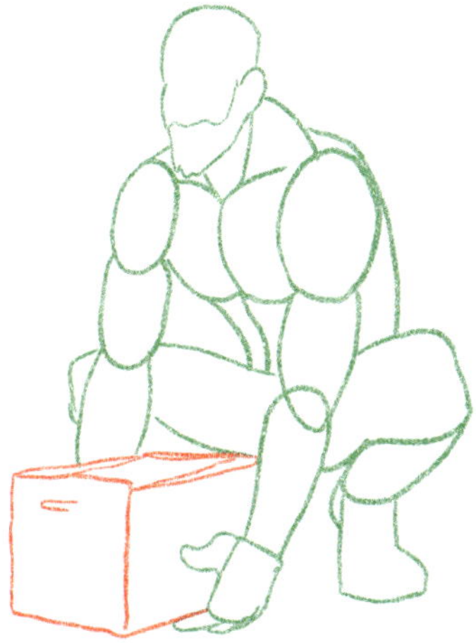

1. Dessinez la caisse, puis le squelette. L'axe tête-torse-bassin est incliné d'environ 25° vers la gauche.

2. Le personnage est musclé : schématisez les muscles par des formes arrondies. Les épaules sont beaucoup plus larges que le bassin.

3. Effacez le squelette.

4. Dessinez les muscles, les gants, le pantalon avec ses plis et les détails des chaussures et du visage.

5. Tracez des hachures sur la poitrine, entre les jambes et sous le genou gauche pour marquer les ombres générées par le corps penché en avant.

C'EST À VOUS

FEMME jouant de la guitare

Difficulté ○○○○

1. Dessinez la caisse, puis le squelette sans bras, la guitare et enfin les bras. La femme est de trois quarts et penchée : l'axe du buste est incliné vers la droite.

2. Ajoutez les volumes des membres, du torse et des cheveux. Dessinez les doigts : attention à la torsion de la main gauche. Finalisez la guitare.

3. Effacez le squelette.

C'EST À VOUS

4. Détaillez le pantalon, les chaussures, les cheveux et le visage.

5. Ajoutez des hachures sous la guitare, sur les jambes, sous les cheveux et sur la caisse pour marquer les ombres.

JEUNE FILLE ENDORMIE

Difficulté ○○○○

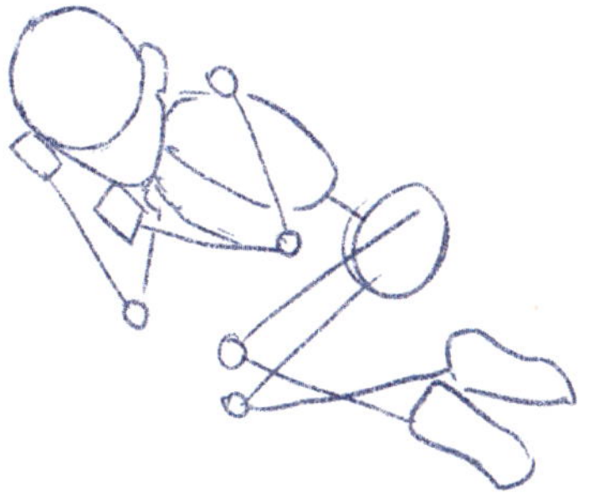

1. Dessinez le squelette, les bras en dernier. La tête est un peu plus grosse que le corps. Les coudes et les genoux se touchent presque. Le dos est bien arrondi.

2. Ajoutez les volumes des membres et des cheveux qui couvrent presque toute la tête.

3. Effacez le squelette.

C'EST À VOUS

4. Finalisez les détails du visage, les plis du T-shirt et du pantalon, ainsi que les cheveux.

5. Tracez des hachures sous la tête, sur le bras droit et sur les jambes pour marquer les ombres.

HOMME EN CHAISE ROULANTE

Difficulté ○○○○

1. Dessinez d'abord la structure de la chaise roulante, puis le squelette. Il est inutile de dessiner le bassin.

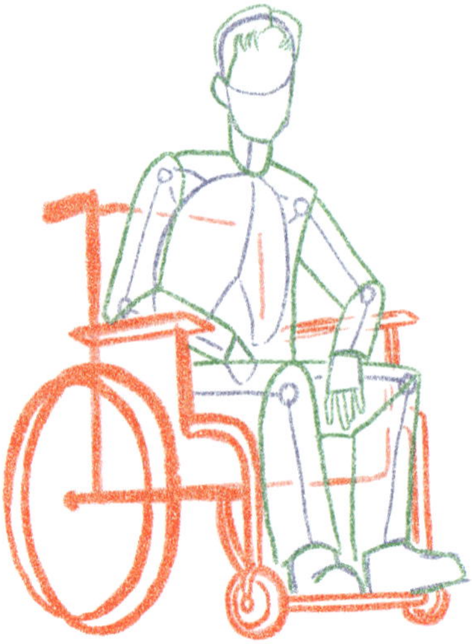

2. Terminez la chaise roulante, puis représentez le volume des vêtements et placez les cheveux.

3. Effacez le squelette.

C'EST À VOUS

4. Dessinez les plis au niveau des genoux et des coudes, ainsi que le col de la chemise. Tracez les éléments du visage et détaillez les chaussures.

5. Noircissez les différentes parties de la chaise roulante pour bien faire ressortir le personnage.

HOMME tapant à l'ordinateur

Difficulté ○○○○

1. Dessinez la table, l'ordinateur et la chaise avant de faire le squelette. Le buste et la tête sont légèrement penchés en avant.

2. Détaillez les mains, dessinez les volumes du torse et des membres. Placez les cheveux. Dessinez le visage de profil.

3. Effacez le squelette.

C'EST À VOUS

4. Détaillez la tête, les plis au genou et enfin la chemise avec les plis, le col et les manches retroussées.

5. Tracez des hachures sous la table, sur les bras et derrière l'ordinateur pour marquer les ombres.

EN CONCLUSION

J'espère sincèrement que ces exercices vous aideront à développer vos capacités, à affiner votre style et à améliorer votre niveau général. Les dessins que vous réaliserez dans ce cadre vous fourniront une base solide pour concevoir ensuite d'autres personnages. Je vous encourage ainsi à consulter ce livre régulièrement, surtout si vous vous concentrez sur les poses.

N'hésitez pas à me contacter sur Instagram (@spiderniels) ou par e-mail (comment.tout.dessiner@gmail.com) si vous avez des questions ou si vous souhaitez partager vos progrès. Bon courage dans votre pratique !

MIXTE
Papier | Pour une gestion forestière responsable
FSC® C106600

Achevé d'imprimer en août 2024 en Slovénie par DZS
Dépôt légal : août 2024

Cet ouvrage est imprimé sur du papier offset 140 g.